Salir del desempleo
en menos de 1 mes

Contenido

Lo primero a considerar para encontrar empleo 5

Lo que debes tener presente sobre tu perfil profesional 10

Las acciones claves para encontrar trabajo 13

Recomendaciones para emprender la búsqueda de trabajo 17

El plan ideal para buscar empleo 24

Cómo presentarse por medio de una autocandidatura 34

La figura del autoempleo 36

La búsqueda de empleo por internet 39

Cómo potenciar el uso de LinkedIn para buscar trabajo 73

Trucos para encontrar trabajo 78

Encontrar empleo en el extranjero sin sufrir en el proceso 83

Encontrar empleo en marketing digital 87

Encontrar empleo sin experiencia 93

Los mejores portales de empleo 98

Trucos para encontrar empleo siendo mayor de 50 años 100

Guía sobre cómo encontrar empleo

Una meta personal para cualquiera es alcanzar la estabilidad laboral, funciona como un sustento importante para el presente y futuro, por ello encontrar un empleo ideal es un paso clave en la vida, puedes tener otros motivos adicionales como el desempleo, cansancio sobre tu situación actual o búsqueda de crecimiento financiero.

Sin importar el motivo, debes aprender cómo resaltar entre los demás aspirantes de un cargo laboral y obtener una oportunidad, además para que no se convierta en un reto imposible para ti, necesitas seguir cada una de las recomendaciones planteadas para que seas un candidato ideal que toda oferta laboral requiera.

Lo primero a considerar para encontrar empleo

Al intentar buscar un empleo y no conseguir respuestas positivas, significa que no puedes pasar por alto algunos factores y detalles al aplicar sobre una alternativa laboral, hasta llegar a la oportunidad laboral que deseas, para acelerar este resultado puedes considerar consejos que te van a servir de impulso, como los siguientes:

- **Conócete a ti mismo**

Un primer paso para llegar al trabajo de tus sueños es realizar una autoevaluación, ya que esto te permite reconocer puntos fuertes, como también detectar los aspectos en los que debes trabajar por desarrollar o mejorar, al tener esto en cuenta podrás aspirar a tener una mejor presentación laboral.

Cuando empieces a esforzarte por aumentar tus capacidades, vas a recibir un mejor trato o atención por tus talentos, siendo un impulso importante en el proceso de selección por ser un mejor candidato sobre ese puesto de trabajo, y al mismo tiempo funciona para descubrir el trabajo compatible con tus cualidades.

Tener claras tus capacidades y aptitudes ayudan a visualizar el tipo de ambiente que encaja con ello, esta es la respuesta para elegir el oficio o profesión que deseas, adicionalmente puedes elaborar una lista con las metas que deseas alcanzar a nivel laboral, luego puedes pensar en herramientas y técnicas para lograrlo.

A medida que obtengas mayor conocimiento sobre esa área, puedes quedar bien posicionado para desempeñar actividades usuales de ese medio, además es importante que se puedan calificar tus habilidades por medio de diplomas u otras certificaciones que sirvan de prueba sobre tu trayectoria profesional.

- **Define el tipo de trabajo que deseas**

Un punto común del fracaso laboral, es que en la búsqueda de trabajo no se define de forma correcta el tipo de empleo que desean, para evitar esto debes determinar el tipo de personas con la que buscas o te proyectas relacionarte, además si conoces el horario que más te genera comodidad se convierte en otro objetivo al buscar empleo.

En medio de tus expectativas también se encuentran los beneficios que buscas obtener al cumplir con tus labores, por ello puedes empezar por crear una lista con la sección de requisito, preferido y no fundamental, de este modo puedes fijar tus prioridades sobre cada aspecto del trabajo.

Definir lo que buscas, es lo que debes tener presente en medio de una entrevista laboral, gracias a que se tratan de tus gustos, y lo que no consideras fundamental para tomar una decisión sobre alguna oferta de empleo.

- **Establece de qué manera tus habilidades contribuye con el cargo laboral**

La búsqueda de empleo estima los beneficios económicos, en comparación de los rasgos de personalidad que poseas, ya que esa contribución que deseas manifestar posee un costo o una valoración económica, al identificar las características de tu forma de ser, puedes cuantificar lo que vales para la empresa.

Lo que más se estima en cualquier cargo laboral y es reconocido económicamente es la puntualidad, responsabilidad, compromiso y capacidad de trabajo grupal, estas se deben presentar sobre las tareas asignadas, esto se transforma en una actuación brillante que todo negocio o empresa reconoce y busca.

- **Identifica el tipo de empresa en la que aspiras trabajar**

Una estimación importante antes de buscar empleo es el lugar donde deseas desempeñarte, porque entra en comparación el perfil de la empresa debe ir de la mano con tu rendimiento, esto facilita la adaptación y a su vez que estés satisfecho con el espacio donde te desarrollas la mayor parte del día.

Ante distintas opciones de empleo, puedes evaluar la cultura empresarial, además de la actitud de los gerentes y la organización que representa, esto lo puedes estudiar en base a lo que te ofrecen para generar una imagen de cómo será ese tipo de trabajo, esto aclara por completo la opción por la cual decantarte.

Lo que debes tener presente sobre tu perfil profesional

La formación de un perfil profesional ayuda a que obtengas el cargo laboral que esperas, esto se define como una cara de presentación ante alguna empresa o negocio, donde algunos aspirantes poseen mayor experiencia sobre un área pero esto no se expone de manera correcta en el currículo, dificultando hallar alguna oferta laboral.

Es esencial organizar cada dato que se encuentre currículo para presentar de manera clara tus estudios académicos, conocimientos, experiencia laboral, y también las aptitudes, a esto se suma el lado estético de incluir los estudios complementarios, también la capacidad en algunos objetivos y áreas.

- **Redacta de manera correcta la experiencia y formación**

Un apartado o sección importante dentro del currículo es esta, donde cada educación recibida y desempeñada se convierte en experiencia, en medio de esta explicación no hace falta que entres en detalles, sino que puedes mencionar las empresas y las funciones claves que llevaste a cabo, esto permite diseñar un perfil atractivo.

En medio de esta descripción debes colocar las áreas laborales sobre las cuales posees mayor dominio, esto permite que queden aclaradas las fortalezas que posees, siendo útil para cumplir con ese trabajo en particular, en medio de esta explicación puedes incorporar el dominio de idiomas y conocimientos sobre ciertas labores.

- **Actualiza con frecuencia tu currículo**

La presencia del currículo se debe cuidar a toda costa, por ello la actualización es indispensable para añadir los cursos y demás formaciones que estés realizando, ese tipo de información construye un perfil profesional sólido, esto también se dirige a la actualización del diseño, para que esté adaptado al formato más moderno y sea aceptado.

- **El impacto de la fotografía**

Una imagen es un aspecto a colocar en el currículo con un estilo serio, ya que es un elemento que comunica mucho, además funciona para humanizar esta presentación profesional hasta darle fuerza a la información del texto, es recomendable que emitas distintas tomas o capturas, sin perder la simpatía y sea una gran impresión.

- **Crea una sección "sobre ti" para incluir detalles**

El apartado del currículo destinado a tu personalidad, debe ser tomado en serio, porque las características deben causar que te vean o califiquen como una persona idónea para alcanzar el trabajo que buscas, en medio de este apartado puedes insertar los hobbys para aclarar lo que más te gusta.

Estos detalles son de gran utilidad para que al momento de estudiar tu perfil profesional, exprese cómo eres a nivel personal también, de ese modo puedes llamar la atención sobre otras opciones de aspirantes.

- **Consulta su revisión con otra persona**

Una vez que creas que tu currículo ha sido finalizado, es factible que se lo enseñes a otra persona para notar cuando un dato no encaje con lo que eres o buscar demostrar, o también puedes recibir recomendaciones para que llegues a recibir ofertas excelentes y tengas un empleo ideal.

Las acciones claves para encontrar trabajo

Para poner a prueba tu ofrecimiento personal en el ámbito laboral, debes estar atento a cada entorno que ofrezca cargos que se adaptan a lo que buscas, pero para que seas contacto y no dejes pasar ninguna oportunidad, debes iniciar por llevar a cabo estas acciones:

1. Publica y comenta que estás en búsqueda de empleo

La necesidad de buscar trabajo no es un hecho que debas ocultar, sino todo lo contrario debes expresar tu intención de obtener algún cargo laboral o un cambio de empleo, porque esto causa que la información se pueda ampliar hasta hallar las alternativas disponibles en el plano laboral lo cual te permite seleccionar lo mejor para ti.

No hay duda de que puedes toparte con ofertas laborales que no conoces a fondo, es una realidad cuando expresas tus deseos y el área sobre la cual posees interés, no se trata de vergüenza, sino de explotar alguna alternativa, formar conexiones es importante para identificar alguna disponibilidad de empleo.

2. Regístrate en algunos sitios web que ofrecen ofertas de empleo

Una alternativa frecuente en la actualidad, es buscar y ser parte de plataformas en línea que sean especializadas en este tema, ya que son medios donde se ofrecen empleos de forma frecuente, al hacer este paso puedes ampliar las posibilidades de recibir ofertas de trabajaos, puedes establecer notificaciones para estar siempre enterado.

En esta clase de sitios web se toma en cuenta el valor y el ofrecimiento de tu perfil profesional, esto queda expresado por medio de la información colocada en formularios digitales, esta es una vía de dar a conocer los detalles personales y académicos, estos serán apreciados por empresas y cualquier interesado.

3. **Asegúrate que todo esté correcto**

Sobre el perfil profesional es muy importante, que puedas fijarte en que cada detalle sea correcto, la verificación nunca está demás, cada dato debe estar presentado de manera ideal, esto incluye que no pases por alto algún tipo de error ortográfico, mucho menos que falte algún elemento representativo.

4. Dedicación por ofertas de empleos realistas

Ante algunas situaciones drásticas, puedes estar desesperado por conseguir empleo, pero esa no debe ser tu motivación para actuar, porque te puede llevar a considerar cualquier oferta que aparezca en internet, o cualquier llamada u ofrecimiento, pero debes tener cuidado al presentar esa prisa.

Tomar decisiones te puede llevar a ser parte de trabajos engañosos, o puede tratarse de una oferta de trabajo que no te conviene a nivel personal, por ello tras cada opción de trabajo debes visualizarte en el mismo, eso ayuda a determinar si es una buena oferta para ti, además cuenta el factor económico y el tipo de empresa que sea.

5. Mantente atento a cualquier contacto

Responder o al menos recibir de manera rápida alguna oferta de trabajo, ayuda a reafirmar tu interés por ese cargo laboral, esto es medido por la empresa muchas veces, ya que si te proponen alguna alternativa laboral, y tardas en responder, eso se interpreta como una seña de apatía así que debes estar totalmente atento.

6. Estudia de manera frecuente las ofertas de empleo

El objetivo de conseguir empleo es un trabajo constante, no debes pasar por alto algún tipo de ofrecimiento, por otro lado cuando eres parte de algún curso o formación debes modificar tus requerimientos, es decir esto implica que estés en actualización permanente de lo que ofrecen tus capacidades, y de las oportunidades del mercado laboral.

Recomendaciones para emprender la búsqueda de trabajo

La preparación de la búsqueda de trabajo es vital en lo que respecta a tu presentación personal, por ello debes cuidar cada detalle que está registrado en el currículo, así como también lo que vas a decir en la entrevista, sin olvidar que debes reunir o tener listos los requisitos generales que te pueden pedir para ingresar a algún empleo.

Las preguntas habituales para tener acceso a alguna oportunidad laboral, las puedes estudiar de manera previa, esto te permite tener un camino asegurado de esperarte o imaginarte a lo que te vas a enfrentar, es una vía para llegar a alcanzar un resultado positivo sobre el empleo que estás buscando.

Para no pasar por alto ningún tipo de ofrecimiento, puedes poner en marcha y seguir las siguientes recomendaciones:

- **Cuida la carta de presentación**

Una carta de presentación es un instrumento ideal para postular tus habilidades, esto puede ir acompañado junto con una síntesis curricular, este es un documento que te ayuda a expresar otros elementos sobre tu perfil profesional, puedes aclarar todo lo relacionado con tus conocimientos y capacidades.

Extenderte sobre lo que ofreces a nivel laboral, es una realidad por medio de este documento, donde exponer el objetivo profesional no genera problema alguno, para ello puedes utilizar diferentes modelos de cartas de presentación, donde se pueden utilizar algunos como una forma de respuesta al anuncio.

Otra forma de usarlo es como una manera espontánea de emitir tu candidatura sobre tu oferta laboral, o también funciona como una respuesta ante ser referido por un familiar o amigo, sin dejar a un lado que estos documentos son leídos a fondo por un caza talento, por ello es una vía a través de la cual te pueden contactar.

- **Investiga plantillas de currículo**

La hoja de vida cambia de formato cada año o momento, por este motivo cuando te decides a buscar trabajo, debes asegurarte que emitas una apariencia de aspirante actualizado, para ello al incluir cada dato que genere una gran impresión y al mismo tiempo que esté ordenado de manera correcta.

Normalmente el currículo se puede crear con un enfoque básico, el cual lo puedes encontrar en línea y postula una orientación mucho más educativa, el desarrollo o narrativa se presenta por medio de un orden cronológico, desde la antigüedad se aplica ese tipo de orden y es ideal para los que buscan resaltar por méritos académicos.

Otro estilo a utilizar es el funcional, siendo uno de los que impone como protagonistas a las competencias profesionales, de ese modo puedes destacar por el tipo de funciones que eres capaz de desempeñar o que has llevado a cabo, esto no posee ningún tipo de orden cronológico y esconde cualquiera carencia académica.

Una tercera alternativa es bajo la combinación del estilo básico y funcional, siendo una manera apropiada para describir el desarrollo tanto educativo como las competencias laborales, este se usa para los aspirantes que disponen de un alto grado de experiencia haciendo lucir o exponer su record de formación educativa.

- **Mejora los puntos clave de un currículo**

Tener una imagen responsable al postularte a algún trabajo, es posible cuando se valora tu perfil profesional, para facilitar que la parte contratante pueda enfocarse en estos puntos, debes ante todo realizarte a ti mismo las siguientes preguntas:

1. Habla de ti

Es una brecha importante que se abre dentro del currículo, debes ser cauteloso con lo que colocas en este espacio, porque es un medio para que describas esas cualidades personales y las competencias profesionales que te permiten destacar sobre los demás aspirantes, esto debe estar alineado o enfocado con el tipo de cargo al que buscas llegar.

2. La razón por la que estás en búsqueda de trabajo

La opinión que poseas sobre la búsqueda de trabajo, es importante para que puedas ampliar tu experiencia profesional, este es un discurso que puedes plasmar sobre tu currículo, porque es una forma de hacer resaltar tus aspectos positivos y demuestra que estás comprometido con ejercer sobre sea plaza laboral.

3. **Qué conoces sobre la empresa**

Debes tener cuidado en lo que respecta la consideración de la empresa, para ello la mejor solución es que investigues a fondo para que puedas demostrar que te interesa ser parte de esa organización, de lo contrario puedes apelar a lo mucho que te gusta llevar a cabo esa responsabilidad laboral hasta enmarcarlo como una pasión.

4. **Cuál es la mayor prioridad de tu vida**

Esta sección quiere decir que en muchos currículos o entrevistas, se responde que el trabajo es lo más importante en tu vida, lo cual puede resultar desubicado en muchas circunstancias, e incluso puede ser asumido como falso cuando por ejemplo aparece que eres casado, por ello es mejor colocar y expresar que lo esencial es la superación.

Mientras puedas definir esta clase de impresiones hacia un sentido más amable, puedes demostrar que aportas valor a la empresa, y al mismo tiempo buscas bienestar y comodidad para ti en lo personal o familiar.

5. **El tipo de experiencia que corresponde con el puesto de trabajo**

Al hallar alguna oferta laboral que sea compatible a la medida con tu perfil profesional, debes enfocarte en el nivel de experiencia que poseas sobre ese medio, en caso de no tener compatibilidad puedes concentrarte en aumentar las competencias y fortalezas para que seas capaz de aceptar ese tipo de cargo.

6. **Qué destaca de ti en el ámbito profesional**

Al cuestionarte esto a ti mismo, debes tratar que la respuesta vaya en la misma dirección de las características que demanda el puesto de trabajo, ya que de esta manera es más posible que te encuentres con una respuesta positiva, para ello siempre es recomendable que te definas a ti mismo como un líder, de ese modo dejas al descubierto tu capacidad y ambición.

El plan ideal para buscar empleo

Al momento de buscar trabajo debes tener presente que es una acción planificada, desde el inicio debes tratar lo máximo posible de no descuidar ningún aspecto, por ello debes elaborar un plan que te ayude a cambiar de vida, de ese modo puedes utilizar tus capacidades para llegar a donde quieres, realizando estas acciones:

- **Explora tus capacidades**

En principio toda búsqueda de empleo puede parecer desorientada, pero puedes tomar el control de ello por medio de tus objetivos personales y el perfil profesional que hayas establecido, para que esto pueda rendir frutos debes dedicarte a considerar qué es lo que quieres hacer y lo que estás en disposición de hacer.

La coherencia en perseguir y hacer realidad estas estimaciones debe ser única, por ello el objetivo profesional debe ubicarse en la elección de hasta dónde deseas llegar, esto lo puedes medir en base a un corto plazo o largo plazo, siempre con una visión directa sobre tus intereses y necesidades.

A medida que se pueda indagar sobre este objetivo a nivel personal, puedes tener una mayor iniciativa y claridad al momento de buscar empleo, ya que mides cualquier oportunidad dentro del mercado laboral con otro tipo de comparativa más personal, esto al final puede garantizarte una mayor permanencia y que sea escalable tu rol.

Cuando sabes lo que deseas hacer, puedes tomar conciencia plena por lo que eres a nivel profesional, así como también demostrarlo sobre la oferta laboral que has recibido, no hay duda que representa un paso clave.

- **Reflexiona y construye un inventario personal**

Realizar una concentración de tus capacidades ante algún puesto, es una forma de manifestar tu objetivo profesional, esto es una marca importante para tener mayor éxito en el medio laboral, para ayudarte puedes construir un esquema que exponga tu perfil profesional.

En medio de la definición personal, puedes estudiar las variables de tu formación, las destrezas y competencias, a esto se suma la experiencia laboral que poseas sobre ese medio, para que obtengas claridad plena sobre el tipo de actividad que buscas desempeñar, hasta llegar al punto financiero y a las condiciones de trabajo.

No se puede pasar por alto la demanda actual que forme parte del mercado, a esto puedes sumar todo lo que creas relevante para tu autoconocimiento, lo importante es tomar en cuenta tus preferencias para que estés dispuesto a luchar y hallar lo que sea más prioritario para ti, llegando a tener contacto con empleos acorde.

Las actividades económicas más solicitadas o explotadas en tu entorno, son una pista sobre lo que te debes concentrar, porque te puedes ajustar hacia esos puestos de trabajo para tener un acceso de oportunidades, pero para llegar a eso es indispensable que conozcas el mercado laboral.

- **El funcionamiento del mercado laboral**

El entorno laboral te puede abrir muchas puertas, pero para ello debes conocer la composición del mismo, el cual gira entorno a la oferta, intermediarios y demanda, al definir cada uno puedes obtener una visión de lo que puedes encontrar, en el caso de la oferta se trata de los puestos de trabajo que están en el mercado laboral.

Por otro lado, la demanda está compuesta por las personas dispuestas a ocupar ese tipo de oferta laboral, este punto es muy cambiante en la actualidad, porque se trata de un medio que es dinámico y demanda actualizar los datos o tendencias para que la oferta personal vaya en sintonía con la demanda disponible.

Mientras que dentro de este entorno participan los intermediarios, siendo entidades que funcionan para conectar la oferta y demanda, causando que se puedan concretar los contactos de manera rápida y efectiva, por medio de la tecnología esto puede estar representado por medio de distintas plataformas.

Un sector que ha perdido peso ante la globalización es la oferta pública de empleo, siendo propuesta por la administración pública, pero es una vía confiable por la cantidad de vacantes disponibles, pero mayor preferencia existe sobre el medio privado por ser una alternativa de mayor remuneración en muchos casos.

Estos puntos permiten que puedas estructurar un plan de búsqueda de empleo, sin perder el norte de la realidad personal, social y laboral, estos tres puntos se fusionan para generar una perspectiva de las vías que tienes disponibles para llegar a un puesto de trabajo con el que te sientas cómoda.

Marca tendencia la actitud positiva que puedas mantener sobre el mercado laboral, pero ante todo reconocer lo que debes ampliar de ti mismo, esto va dedicado hacia los conocimientos, para ser un candidato adecuado para esa oferta laboral, de este modo puedes concentrarte a ir a la práctica de la búsqueda de empleos.

- **La forma de buscar empleo**

Existen diversas opciones para buscar empleo, lo más usual es bajo una red de contactos, ya que solo debes mantener una comunicación activa con amigos, empleadores, y hasta cursos de formación para no pasar por alto la oportunidad que esté disponible, otra medida es respondiendo cualquier tipo de oferta de empleo que se haya publicado.

Otra medida que permite que te puedan ver como un posible candidato es aplicar por medio de una autocandidatura, ya que puedes ofrecer tus servicios a empresas más allá de estar en búsqueda de algún puesto de trabajo, esto se puede usar como carnada para que lo consideren al menos.

Normalmente la decisión sobre los currículos recibidos, depende de la base de datos de candidatos, los amigos y las bolsas de empleos, por ello auto presentarse por estas vías puede ayudar a que obtengas empleo de manera eficiente, así que debes inscribir el currículo en algunas empresas, y utilizar al máximo las virtudes de medios sociales.

Debes pensar que el proceso de búsqueda de un empleo, es similar a la venta de algún producto, solo que en este caso estás ofreciendo tus servicios, por ello debes promocionar tus características, siendo un hecho sencillo por medio del análisis personal, y actualizar tus herramientas de presentación.

- **El currículo como herramienta de marketing**

El currículo no debe ser visto o conformado de manera aburrida, puedes más bien adoptarle una imagen de marketing, desde la redacción puedes cambiar la impresión profesional que puedes percibir, esto no quiere decir que sea necesario mentir o algo por el estilo, sino que sea información de valor y sobre todo que esté actualizada.

Por otro lado, al ser un instrumento que debe llamar la atención, debes asegurarte que no sea largo, mucho menos que sea forzado, además no es recomendable que exista un enfoque tan extenso por los datos personales, lo esencial es el ámbito profesional, donde puedes incluir cualidades de valor para ser un candidato atractivo.

Lo mejor es que ante cada solicitud, puedas adaptar el currículo hacia esa búsqueda, para que puedas resaltar algún punto que hagan que apuesten por ti de manera más sencilla, además no hace falta incluir demasiada información, sino la más relevante, siempre de la mano con el tipo de solicitud que estés realizando.

- **Los tipos de currículo más utilizados al buscar empleo**

A nivel clásico, se utilizan una serie de currículo que han marcado el entorno laboral, para ello debes conocer cada uno de los siguientes y elegir el que más te convenga:

1. **Cronológico**

En este caso, el contenido del currículo se puede ordenar por fechas, partiendo desde lo más reciente hasta lo más lejano que se haya desarrollado en el tiempo, esto se establece sobre todo para las experiencias laborales.

2. **Funcional**

Se trata de un orden donde se involucra la formación y la experiencia que se posee, esto se puede establecer en bloques para que la temática funcione como una clasificación de estos datos, esto permite que una persona que posea historial formativo llamativo pueda exponerlo con gran lucidez.

3. **Europass**

Es un currículo tipo europeo, posee como objetivo una mejor presentación de las capacidades y calificaciones bajo un estándar sencillo, esto es de uso general en toda Europa.

Por otro lado, más allá de los clásicos se encuentran currículos que han adoptado una corriente mucho más moderna, en este sentido se utilizan los siguientes:

1. **Infográfico**

Al momento de estar buscando trabajo, sobre todo con empresas que son muy solicitadas es mejor optar por un diseño que sea sencillo y llamativo, de ese modo puedes recibir mayor atención sobre la montaña de solicitudes que existan, todo gracias a reforzar el ámbito visual, optando por el poder de la infografía.

En algunos casos los solicitantes apuestan por la modalidad del videocurrículum, siendo una presentación por medio de videos, esto se puede usar mediante una contratación externa o por medio de aplicaciones modernas.

- **La relevancia de una carta de presentación**

El acompañamiento del currículo junto a una carta de presentación es llamativo, porque la puedes utilizar como una tarjeta de presentación, gracias a que tienes el poder de reflejar y plasmar actitudes, habilidades y otros aspectos que desees hacer notar, esto se puede elaborar por medio de una autocandidatura porque la empresa te considera más.

Ante cualquier entorno o mercado laboral que desees penetrar, lo más indicado es que puedas apostar por la construcción de una carta de presentación para que estés aprovechando cualquier vacante que esté disponible en la actualidad o a futuro.

Cómo presentarse por medio de una autocandidatura

Ante los deseos de trabajar, es importante que consideres la iniciativa para presentarte a alguna empresa sin tomar en cuenta si necesita candidatos o no, esto se conoce como una candidatura espontánea, a lo largo del tiempo se ha convertido en una estrategia efectiva, porque no enfrentas alguna competencia y te pueden tener en consideración a futuro.

Para ello debes estar preparado de manera previa, así como también tener paciencia porque pueda que esa empresa todavía no posea planes de realizar alguna contratación próxima, pero estos pasos los debes dar de manera preferible hacia ámbitos que domines para que puedas resaltar en medio de la solicitud.

Más allá de que haya un anuncio de contratación o no, puedes ingresar a su base de datos, o tendrán el conocimiento de tus habilidades ante alguna necesidad que presenten, además con el simple hecho de visitar lugares para postularte, te permite ganar experiencia y conocer dentro de ese ámbito.

Para llevar a cabo este tipo de presentación laboral, puedes llamar por teléfono, visitar personalmente la empresa, y otras vías que observes como factible, este medio de búsqueda de trabajo, puede ser útil ante sectores como la hostelería y el comercio, de igual modo puedes investigar a la empresa para visualizar los cargos que puedes hallar.

Medir las oportunidades de vacantes sobre alguna empresa, te ahorra tiempo y hace que no resultes pesado al momento de emitir tu presentación, pero esto no es trabajo sencillo, amerita de compromiso y de un número de visitas e investigaciones sobre empresas, aunque lo usual es que se envíe por correo electrónico, pero te resta experiencia.

La figura del autoempleo

Postular una idea de negocios personal, es también una alternativa para explotar tus competencias profesionales, pero para ello debes estudiar y superar distintas condiciones de por medio, aunque de igual forma debes contar con un objetivo establecido, perfil profesional además del mercado sobre el cual deseas trabajar.

En este tipo de desarrollo, debes tener conocimiento pleno de las empresas que transitan sobre el sector, para que puedas generar ingresos también sobre ese medio, esto puede ser bajo la disposición de dirigir una empresa, o al ejercer de manera independiente algún tipo de servicio en base a tu formación profesional.

Pero la propia fuente de subsistencia se concentra por completo en tus propias acciones, por ello el autoempleo se clasifica como un empleo asalariado, donde puedes negociar de manera directa con los clientes, esto se puede manifestar como una empresa unipersonal, ya que se trata de una organización conformada por una sola persona.

Por otro lado, existe la forma de llevar esto a cabo con autonomía, donde no perteneces a ninguna empresa, sino que se trata de un ofrecimiento de tus servicios, y cada una de estas formas de ejecución del autoempleo permite que puedas tener un horario de vida adaptado a tu medida, sin seguir ningún tipo de directriz por parte de un empleador.

En el caso de tener una empresa propia, te mantienes mucho más inspirado por hacerla crecer hasta ser una gran corporación, y el punto central de estos esfuerzos es que estarías generando riquezas para ti mismo, además en el tiempo libre puedes realizar otras actividades que consideres atractivas para ti.

Pero no todas son ventajas, porque implica un mayor grado de responsabilidad y compromiso, dado que te debes encargar de manera personal de cubrir el pago de tributos y cualquier otra gestión que represente a la empresa, por otro lado también se debe llevar a cabo el abono del seguro social correspondiente al país.

Sin dejar a un lado que la administración de un negocio es una tarea considerable, es un camino que amerita de autodisciplina, y en algún punto llega a ser adictivo desligarse de las obligaciones diarias a afrontar, así como también el tema de los ingresos es variable, causando que necesites un plan alternativo para algunos períodos de baja producción.

Estos riesgos se pueden tener presentes al momento de dar ese gran paso, de esa forma estarás consciente de lo que ganas, y las acciones de por medio para llegar a ese nivel, no cabe duda que es atractivo pero requiere ajustarse a tu perfil profesional, de ese modo puedes explotar tus capacidades profesionales.

La búsqueda de empleo por internet

En medio de internet abundan una gran cantidad de ofertas laborales, así como también ideas que puedes usar a tu favor, además es un medio donde puedes presentar tu currículo, hasta llegar a aprovechar algunas entrevistas que se puedan adoptar por esta vía, todos estos aspectos son esenciales para tu desarrollo.

Realizar la búsqueda de empleo por este medio, es que utilizas al internet como tu mejor aliado, siendo capaz de estudiar y sacar a flote las principales características que hay detrás de cada oferta laboral, por ello su principal ventaja es el lado universal que posee, para encontrarte con una variedad de ofertas publicadas.

Este medio cada días es más usado con frecuencia, de ese modo se han creado una gran diversidad de portales web que ayudan a difundir ofertas de trabajo, esta es una conexión más directa entre los empleos y los postulantes, al mismo tiempo esta clase de sitio web permite que puedas publicar y compartir tu currículo.

Internet es un camino para conocer mejor a las empresas y al mercado laboral mismo, esto aumenta la posibilidad de ser contratado, sin dejar a un lado que es un medio de investigación efectivo, llegando hasta el sector sobre el cual posees mayor interés, esta alternativa ayuda a que estés informado sobre cualquier incidencia del mercado laboral.

Un camino como internet es un resultado de la innovación, por ello se clasifica como el canal con mayor búsqueda de empleo, por ello debes sacar provecho de esta alternativa, la cual te apoya a que no tengas que perder demasiado tiempo, ahora no debes salir de casa para conocer el ofrecimiento del mercado laboral.

Antes de profundizar en todas las vertientes que están disponibles en internet, debes conocer un punto básico como el siguiente:

- **Filosofía al momento de buscar trabajo**

Un aspecto clave a manejar dentro de la búsqueda de empleo, es la actitud con la cual se lleva a cabo esta tarea, porque cuando estás emitiendo una actitud incorrecta, no vas a obtener los resultados que buscas, además debes tomar en cuenta que buscar trabajo es un trabajo mismo, hasta el punto de ser una experiencia que llega a cansar.

Esto quiere decir que mientras más te enfoques en tu preparación, mejor va a ser el proceso de búsqueda, por ello la norma principal es mantener una buena actitud y una predisposición, en cada solicitud es esencial cuidar la disciplina, para que puedas aprovechar la oportunidad laboral que sea ideal para ti.

Sin importar el desenlace que se produzca, no debes desanimarte, de antemano no debes ignorar que te vas a someter a diversos rechazos, y esto no quiere decir que no tengas que invertir una cantidad de tiempo considerable, lo esencial es que puedas continuar sin decaer en medio del intento, por ello debes seguir tus objetivos personales.

El pensamiento a seguir es que aproveches el tiempo, por medio del desempleo debes usar esa energía a favor, para dejar a un lado los obstáculos, así que no apartes los ojos de tu meta, ese tipo de impulso lo puedes conservar al realizar estas actividades:

1. Trabajo de voluntariado

Esta clase de actividad es útil para que el tiempo libre pueda estar bien destinado, ya que vas a formar parte de una ocupación que eleva tu autoestima, sumado a esto puedes ganar capacidades para ser más útil, sobre todo si tiene que ver con el campo donde deseas desarrollarte como profesional.

El tiempo que puedes pasar en medio de estas actividades, hace que puedas analizar si eres feliz con lo que haces a nivel profesional, causando que ante un escenario negativo, tengas la capacidad de abrirte hacia otros caminos o desafíos, esto puede llevar a tomar otra especie de formación profesional.

2. Especialización por estar informado

Por encima de buscar empleo, es fundamental que estés informado de cualquier detalle sobre el mercado laboral, lo mismo ocurre con el tipo de profesión que desempeñes, de ese modo no se te va a escapar ninguna novedad, aprovechando ese nivel de información para que no quedes oxidado ante los conocimientos modernos.

Ese tiempo se puede implementar para realizar cursos que por tanto tiempo habías pospuesto, lo ideal es que el tiempo esté empleado de una manera eficaz, esto deja una preparación auténtica para que las capacidades sean vistosas ante la búsqueda de trabajo que se esté realizando.

La espera por un trabajo merece una actitud mucho más abierta, porque todo lo que eres capaz de creer lo puedes hacer, la actitud positiva es muy importante ante todo, porque si no todo el esfuerzo no vale de mucho, lo recomendable es presentar la mejor cara y voluntad para llegar a recibir la oportunidad laboral.

- **La motivación y actitud positiva es clave**

Desde el inicio de una búsqueda laboral, es vital que no decaiga el ánimo, mucho menos la confianza sobre ti mismo y lo que valgas, debes convencerte por completo para que seas parte de las oportunidades disponibles en el mercado, esto se contagia hacia los demás para que te vean como un candidato ideal para algún cargo.

Una mentalidad positiva desvanece cualquier obstáculo para encontrar el empleo deseado, ya que estás transmitiendo ese nivel de preparación para afrontar cualquier oferta laboral, y ese tipo de actitud se relaciona con una visión de éxito que se puede utilizar sobre un sector laboral para impulsar la dinámica del entorno.

Estar en contacto con los clientes y el entrevistador con ese tipo de actitud es un avance mismo, pudiendo combatir cualquier dificultad que se presente en medio de esta conquista laboral, sin ver a las opciones con un alto nivel de desesperanza, es un camino para llegar a obtener mejores resultados.

Más allá de ser positivo, no hay que olvidar el lado proactivo para ser elegible en medio de la oferta laboral, porque se requiere una mayor capacidad para actuar sin necesidad de que tu superior lo pida, siendo un sello común en la actualidad, ese nivel de estímulo es muy valorado en los empleos.

- **La importancia de implementar el autoestima**

Una autoestima sana es un empujón para que te presentes de manera más segura ante una oferta laboral, facilita que conserves una actitud mucho más perseverante, de esa manera va a llegar la oferta laboral sobre el ansiado trabajo que buscas, en casos donde has perdido el trabajo que tenías, este es un comienzo lleno de vida.

Reconocer la utilidad que posees sobre algún sector profesional, también como persona, te ayuda a buscar lo que te corresponde, es decir lo mereces en base a la formación y experiencia que posees, por ello es valioso disponer de ese tipo de voluntad para ir más allá, los pensamientos en esta dirección ayudan a que obtengas buenas noticias.

Poco a poco puedes ir explorando el entorno laboral, sin perder o vulnerar tu autoestima, sin importar que haya una falta de contestación, porque el proceso de búsqueda de empleo puede ser tardío pero eso no debe vulnerar tus propósitos, ya que esto puede acarrear un cuadro de depresión importante.

En lugar de tirar la toalla, solo puedes aceptar el rechazo para seguir buscando la oportunidad laboral deseada, sin caer en tristezas porque es sensación sólo es tu peor enemigo, en una contratación se buscan los candidatos que dispongan de una estima elevada, si no se llega a ese nivel es complicado que te contraten.

- **Medios para buscar empleo en internet**

Lo primero a explotar en internet son los medios a través de los cuales se puede solicitar empleo, a su vez es indispensable conocer la forma de usarlos para que salgas bien librado en el plano laboral, por ello los caminos principales a tomar para progresar a nivel laboral son los siguientes:

1. Correo electrónico.

Es un medio de comunicación directo en internet, se puede aprovechar al máximo el contacto que posee la empresa, es una vía principal para comunicarse fácilmente, para usar este camino para hallar una oportunidad laboral, debes tener una cuenta de correo electrónico que emita un estilo profesional.

En medio de cada comunicación se debe conservar un escrito totalmente formal, necesitas anunciarte con claridad y personalización sobre el nombre junto con el apellido, antes de enviar algún contenido es vital ordenar cada una de las ideas que deseas expresar, sin extender, se trata de una comunicación breve.

Por medio de una estructura simple puedes llegar a tener éxito en esta tarea, sin olvidar que necesitas cuidar las mayúsculas, además de leer en varias ocasiones para no ser chocante o agresivo, por medio de ser detallista puedes dar una gran impresión sin crear predisposición sobre quién lo lea.

2. Google.

Los buscadores en línea son un medio amplio para conocer lo que publican las empresas en línea, de ese modo ninguna oferta de empleo se puede pasar por alto, al mismo tiempo puedes encontrar sitios web que emiten publicaciones de estar en búsqueda de personal, por ello se puede utilizar para llegar a las ofertas laborales o a las empresas.

Esta poderosa herramienta es de gran utilidad, usándolo como se debe, puede hallar y perderte en una gran cantidad de resultados al realizar la búsqueda, pero sin perder de visa el valor de las ofertas y empresas de verdad, no hay necesidad de perder tiempo, para ello tienes a favor a Google como uno de los buscadores más importantes.

La importancia de este buscador reside en la forma en la que lo que puedas usar, por ello tu obsesión principal debe ser hallar los mejores resultado en Google, para que llegues hasta los datos más relevantes, llegar a ese punto es sencillo por medio de la colocación de "se ofrece un puesto para", o alguna "oferta de empleo".

Necesitas entender que en Google se establece un índice de lo que hay escrito tras el contenido de ese portal web, por ello cuando alguna empresa esté buscando un empleado esto se filtra en Google en la forma en la cual lo expresa, debes seguir el tipo de palabras usuales que se emplean para lograrlo y tener mayor probabilidades.

Utiliza las primeras palabras claves al buscar en Google que puedas imaginar, mientras guarden relación con el tema laboral, puedes mirar de cerca cada uno de los resultados expuestos, e ir revisando cada una de los sitios web, la guía principal es la oferta que aparece en el título principal, siendo útil en el futuro.

En primer lugar debes elegir las palabras claves, mientras sean más concretos más opciones van a brotar, del mismo modo se pueden restringir los resultados, por medio de herramientas se personalizan para alcanzar datos específicos, se pueden imponer filtros para facilitar todo el proceso, esta es una alternativa excelente para ti.

3. Anuncios clasificados anunciados en línea.

Las bolsas de trabajos se encuentran disponibles por medio de internet, porque las empresas y los futuros empleados se pueden conectar sin problemas, se trata de un entorno ideal para publicar ofertas y tener acceso al empleo que deseas alcanzar, estos sitios web normalmente te permiten añadir datos sobre ti.

Esta opción ayuda a que tengas una vía directa para conseguir ofertas de trabajos certificadas, bajo un perfil con o sin experiencia, cada portal busca una ventaja competitiva para ambas partes, siendo un mayor nivel de comodidad, ahorro de tiempo y una posibilidad de búsquedas más grande.

Normalmente estos servicios de sitios web, se divide por sección, por un lado están los postulantes y por otro los candidatos, al tener acceso puedes considerar algunas cuotas, esa libertad te permite que por medio de un registro tengas la oportunidad de clasificar el tipo de ofertas por actividades y zonas geográficas.

A través de estos puntos debes incluir tu currículo, hasta consultar cada detalle de la solicitud, estos medios online son ideales para que tengas un punto de partida hasta hallar el empleo ideal, usando una base de datos amplia, donde van a visualizar tu currículo una gran cantidad de bolsas de trabajos con gran trayectoria.

Las bolsas de trabajo se pueden hallar por especialidades, así que puedes filtrar por tu área de mayor poder las ofertas laborales que estén disponibles, lo importante es que se trata de todo un mundo disponible para ofrecerte como un candidato sólido, este es un margen repleto de oportunidades.

4. Consultoras.

Un camino tras las consultoras, implica poner a competir o ganar poder a través de tu currículo, una vez que seas capaz de cargar esta información puedes aprovechar esta fórmula que te impulsa hacia opciones de trabajos de gran nivel, porque si resultas ser atractivo no hay duda de que un reclutador se va a contactar contigo.

El aumento de estas posibilidades se puede manifestar cuando realizas un currículo totalmente apto, de ese modo cuando ingresa a alguna bolsa de trabajo va a resaltar, para asegurarte de ello una consultora estudia la presentación que estás emitiendo al mundo, su funcionamiento reside tras lo recursos que se implementan para ayudar a los candidatos.

E algunas alternativas la carga del currículo puede resultar gratuita, pero en la mayoría se debe pagar una cuota por este empuje, a medida que tu propuesta pueda ser insertada en una base de datos, además de pasar revisiones, puedes optar por esa apuesta para que el reclutador pueda estar cautivado por tus datos.

Una vez que el currículo pase por distintas pruebas, puedes dar por hecho de que el currículo posee palabras claves que deben combinar con el perfil del candidato que estén buscando, ya que con una descripción exacta tienes mucho por ganar, en cambio si te pasas por alto estos detalles no van a encontrarte como una opción factible.

Antes de escribir y postular tu currículo, no hay duda de que debes pensar en el tipo de palabras que estás empleando, del mismo modo debes cuidar los términos para que estén incluidos sobre el radar de la empresa que esté en búsqueda de contrataciones, sin embargo a lo largo del tiempo también el perfil profesional se debe actualizar.

Estas empresas consultoras se conocen como Empresas de Trabajo Temporal, donde los consejos para hallar el empleo que buscas termina siendo ideal, es parte de un recurso para el futuro, pero lo fundamental es que te permiten postular el currículo de manera correcta.

5. Empleos públicos.

En internet a diario se postulan empleos públicos, esto tiene que ver con los anuncios clasificados que se han incorporado a la tecnología, normalmente esto sucede mucho con trabajos relacionados a inmobiliarias, automotor y cualquier otro que posea presencia en línea en la actualidad.

De igual modo los empleos públicos se asocian con una modalidad o dinámica para toda la vida, distintas instituciones gubernamentales participan en medio de esta selección, incluso la administración pública tiene incidencia, estas son iniciativas para los ciudadanos, hasta las empresas desde sus portales participan en esta contratación.

Esta forma de buscar empleo es muy positiva en la actualidad, son entornos que publican sus ofertas de trabajo como una contribución social, en este medio juega un rol clave el tema del currículo, puedes visitar estas webs por medio de Google, es una opción disponible para cada necesidad.

6. Redes sociales.

La relevancia e incidencia de las redes sociales sobre la búsqueda de empleo, se basa en la cantidad de personas que prefiere este medio, causando que haya un gran porcentaje capaz de respaldar este medio como el idóneo, haciendo que los medios tradicionales queden obsoletos por completo.

La mayoría de las empresas, también se mantienen buscando empleados a través de esta vía, y lo utiliza como una fuente de investigación para reconocer a los candidatos o aspirantes en base a su perfil en redes sociales o su portafolio, llegando a concretar una entrevista de trabajo más seria.

La presencia en redes sociales importa ante ciertos trabajos, así que lo mejor es mantenerlos actualizados, ya que puedes llamar la atención de alguna empresa por medio de esta vía, esto forma parte de ese deber de venderte a ti mismo o aplicar un marketing que te beneficie a nivel personal.

En el mundo las redes sociales se utilizan como una vitrina para presentar tus habilidades, además puedes explicar quién eres y la capacidad que posees, así que permite transmitir mucho más de lo vacío que puede llegar a ser un currículo, el estudio de cada medio social deja una oportunidad flagrante para buscar empleo de forma exitosa.

- **Recomendaciones al usar las redes sociales para buscar empleo**

Un método de búsqueda de empleo es el uso de las redes sociales, este es un recurso valioso y puede utilizar cada una de sus ventajas, sobre todo cuando se trata de un entorno profesional como LinkedIn, o el uso de Xing también es llamativa, pero poco a poco Facebook ha sido útil para esta misión, y esto se une Twitter de igual manera.

En cada uno de los puntos sociales mencionados, es un deber estrechar contacto con empresas sobre las cuales encaje tu perfil, es una participación activa que permite conectar con personas o empresas que te interesen a nivel laboral, así que el primer deber que posees es el de diseñar una lista de contactos.

Establecer contactos útiles en el medio que te desenvuelves, ayuda a conseguir empleo, por otro lado el pendiente o enfoque principal no debe desaparecer del perfil, ya que es un modo de plantear lo que te interesa y de ese modo puedes construir un concepto de ti mismo, y lo mismo ocurre con la empresa, porque sabrás lo que busca en un empleado.

Esto quiere decir que la actualización del perfil es clave, sin dejar a un lado el cuidado sobre el tipo de comentario que realices y las fotografías que estés compartiendo, para ello puedes disponer de un perfil profesional y otro más personal, piensa en utilizar y crear las siguientes plataformas:

- **LinkedIn**

Es una red social que posee una orientación como red profesional, por ello su dinámica es mantener un contacto profesional pleno, el éxito dentro de esta red, depende de los contactos y los grupos, deben estar alineados en todo momento con las actividades e intereses de ese sector laboral.

Esta es un medio para ganar la atracción de empresas y lleguen a considerar tu perfil, así que debes definir objetivos a implementar sobre esta red social, ya sea simplemente buscar empleo o desarrollar un negocio hacia nuevos clientes, hasta llegar a conectarte con los líderes de la industria afín.

La experiencia personal que poseas se puede explicar con el uso de palabras claves, esto implica fijarse en las certificaciones, profesión y otros, hasta cumplir con los datos del perfil o actualizarlos como si se tratara de un currículo, sin cometer ningún descuido ortográfico, estos detalles ayudan a captar la atención de cualquiera.

Una imagen profesional se puede emitir fácilmente por esta vía, logrando humanizar los talentos laborales, es un lado profesional que se puede potenciar a la dinámica de esta plataforma, en el caso de LinkedIn, se ha utilizado con frecuencia para buscar empleo, siendo la verdadera intención de su creación.

Los expertos en distintas materias o cazatalentos, se mantienen usando activamente este medio, por ello los principales cuestionamientos que debes hacerte es definir lo que quieres que vean en tu perfil y si el mismo es atractivo para llegar a recibir alguna oferta laboral, al responder estas preguntas puedes avanzar, además realiza los siguientes pasos:

1. Configura LinkedIn de manera apropiada, antes de utilizar esta red social debes estudiar cada función que proporciona, donde debes tener más cuidado es en el tema de la privacidad, ya que debes seleccionar quién puede ver la información que colocas sobre ti.
2. Completa cada detalle de tu perfil, en medio del funcionamiento de esta red social, cuentas con la oportunidad de utilizarlo como un currículo digital, por ello es una norma general mantener cada dato vigente, esto incluye los detalles personales como profesionales, de ese modo podrán ver y estudiar tu vida profesional.
3. Resalta sobre los demás usuarios, es clave emitir la intención de hallar trabajo, esto puede incluirse sobre tu perfil, sin aburrir demasiado a los observadores de esta red social, sino que los cazatalentos puedan ver lo que buscas o lo que te pueden ofrecer. Adicionalmente puedes utilizar esta red social para investigar

alguna empresa, sobre todo si tiene que ver con lo estás buscando, de ese modo puedes integrarlo a tus contactos, y así serás el primero en saber si existe un puesto vacante que puedas obtener, en esta red social es mucho más beneficioso hacer amistades.

4. Emplear palabras claves, esta red social posee un buscador donde las palabras claves influyen de gran manera, a medida que puedas incluir las indicadas, puedes causar que tu perfil sea encontrado más fácil, hasta el punto de toparte con una buena noticia.
5. Dedícate a resaltar dentro de esta red social, ante cualquier oferta laboral que ronde este medio, no dudes en hacer todo lo posible para alcanzarla, no debes esperar más tiempo del necesario al ver el anuncio sobre el perfil de la empresa o contacto.

Una opción como LinkedIn se clasifica como muy valiosa, porque es un entorno donde se reúnen personas afines, logrando formar un grupo profesional, esto es de alta utilidad al estar buscando empleo, ya que se trata de una red mundial que construye contactos entorno a tu profesión.

- **Xing**

El uso de esta plataforma no está apegado a las funciones que posee LinkedIn, ya que desarrolla otro tipo de modalidad para contactar a las personas, y posee grupos temáticos para debatir y establecer relaciones en foros, de ese modo se van generando una gran cantidad de ofertas de empleos o publicaciones de eventos de algunas empresas.

El contacto dentro de esta red social, se lleva a cabo a través de la solicitud de contacto, la cual debe ser confirmada por medio del destinatario, esto permite que se puedan crear relaciones bidireccionales, el propio sistema ayuda a que cada usuario exponga la información del perfil hasta llamar la atención.

A través de la información que circula en este medio, resaltan los boletines semanales, donde puedes hallar eventos, estadísticas y mucho más, tan sólo hace falta completar el registro y las opciones son gratuitas, aunque existe la modalidad de usuarios Premium, lo cual te permite enviar mensajes a usuarios que no sean tus contactos, por ejemplo.

Para buscar empleo a través de este medio, debes llevar a cabo acciones similares a la anteriores mencionadas con LinkedIn, aunque es una red social con menos alcance que otras redes sociales, pero especializado en la creación de perfiles para ser encontrado ante una búsqueda de empleados emitida por alguna empresa.

Alberga al menos unos 45 millones de usuarios, por ello facilita un nivel de visibilidad importante a nivel laboral, siendo útil para los propietarios de negocios o cualquier postulante, siendo un punto de encuentro digital mucho más potente o concentrado para esa finalidad.

- **Facebook**

Las redes sociales como Facebook han ganado un lugar importante para emitir y obtener información, por ello se produce una selección de personal o de empleo mucho más óptima, es un medio sobre el cual cada vez más usuarios recurren para alcanzar el tipo de empleo que tanto habías esperado.

Con tan solo tomar en cuenta la cantidad de usuarios en Facebook, la cual supera los 900 millones de usuarios, obteniendo un nivel de popularidad tan alto como Google, por ello es una red social que funciona para los reclutadores, acerca a cualquier candidato hacia una oferta laboral que se publique.

La presencia en redes sociales abre las puertas para emitir información resaltante hacia alguna empresa, tan sólo hace falta una revisión del perfil para obtener una visión global sobre el tipo de candidato que eres, causando que sea un deber plantearse como atractivo para vender tus capacidades laborales.

La dedicación sobre esta red social arroja un uso diario de al menos 20 minutos al día, este es un dato importante porque indica que es un punto de acceso considerable para hallar empleo, pero el cuidado con los datos del perfil aumenta, puedes utilizar a tu favor la cantidad de tráfico que se encuentra sobre esta red social.

Desde el perfil de Facebook se pueden medir muchos aspectos personales, así que no puedes dudar en presentarte como un futuro empleado muy atractivo, el uso de este medio para buscar empleo causa que se deban cumplir ciertas normas, donde puedas resaltar como un candidato confiable y esto va de la mano con lo que publicas.

Lo más recomendable es que no se emitan críticas sobre alguna empresa, por mayor fundamento que poseas, mucho menos que te dediques a publicar fotografías excesivas cuando estás en la búsqueda de empleo, porque esto crea una presentación fuera de contexto, y vas a perder el interés de cualquier reclutador.

Para obtener alguna oferta de empleo dentro de este entorno social, debes ocuparte de crear una imagen apta para llamar la atención de algún reclutador:

1. Proporciona una foto de perfil adecuada, no debes pasar ningún riesgo por este pequeño detalle, ya que las primeras impresiones cuentan, no hace falta exagerar de crear una presentación con trabajo, pero al

menos que no vaya en contar al sector que te dedicas.

2. Cuida cada mínima descripción de la biografía, los detalles descriptivos en Facebook requieren ser actualizados, esto causa que proporciones una mejor imagen de ti, puedes consultar tu perfil con otros para alcanzar críticas constructivas.

3. Incluye y añade datos de experiencia laboral, es esencial que esta clase de datos no se puedan pasar por alto, pero sin necesidad de exponer todos los detalles referentes a tu descripción laboral, solo debes publicar los aspectos personales y profesionales que deseas que conozcan.

4. Publica enlaces hacia tu portafolio u otros sitios, es fundamental para que puedan medir tu potencial profesional, construir distintos perfiles profesionales es una gran ayuda para que te posiciones de mejor manera, sobre todo cuando en estos puedes incluir información positiva sobre ti.

5. Únete a grupos en Facebook, en este medio social se encuentran diversos grupos que se dedican a la publicación de ofertas laborales, por ello al hacerte

miembro te puedes enterar de las últimas novedades para que aproveches estas oportunidades, e incluso puedes interactuar con otros aspirantes.

Esto deja ejemplificado el tipo de herramienta que llega a ser Facebook para encontrar empleo, sobre todo depende de ti, empezar a considerar esta red social como algo más que simples publicaciones sociales, de ese modo el perfil que construyas va a obtener un valor mucho más profesional.

- **El rol de los grupos y páginas de Facebook para hallar empleo**

La principal ventaja de Facebook al querer buscar empleo, es que te permite localizar contactos y compartir información, pero lo más fácil es participar en temáticas dentro de esta red, donde se dedican a buscar empleados y puedes ilustrarte con lo disponible, al visitar algún grupo que se especializa en estas publicaciones.

Un ejemplo práctico de ello, es que puedas estar interesando en algún campo en concreto, y para encontrar trabajo relacionado con esta temática en Facebook, puedes añadirte a grupos que se describan como enfocados hacia esa profesión y hacia el país sobre el cual formas parte.

Este tipo de búsqueda puede ir desde lo más específico hasta encontrar grupos que realmente sean prometedores, cada uno conserva un tipo de orientación diferente para buscar un candidato justo sobre sus preferencias, para ser parte de este tipo de oportunidades, puede que tengas que solicitar permisos al administrador.

Normalmente puedes ser admitido si cumples con sus normas de interacción, además una gran cantidad de grupos se encuentran abiertos, la diferencia entre uno y otro, tiene que ver con la preferencia de privacidad, estos entornos imponen la ventaja de que haya una participación directa con otras personas y te permite conectar con tus intereses.

Otra alternativa similar es comunicarse directamente con las páginas de las empresas, ya que en Facebook distintas compañías crean estos espacios para propiciar alguna entrevista, siendo un interés real que las empresas pueden manifestar, y el usuario puede aportar ideas o sus habilidades para encajar.

- **Twitter**

Se concibe como una de las redes sociales de mayor concurrencia, donde también se postulan convocatorias sobre algún empleo, pero se utiliza con menor frecuencia en comparación de las anteriores redes sociales mencionadas, pero estar presente y atento a estas incidencias es importante.

Para buscar trabajo sobre este medio, puedes implementar las siguientes sugerencias que te permiten resaltar de manera más sencilla:

1. Crea un nombre de usuario serio, esto te permite ganar una presentación mucho más auténtica al momento de buscar empleo, es una facilidad para usar ampliamente tu perfil como un aspecto llamativo.
2. Conforma una biografía personalizada, es un espacio que se debe aprovechar de manera amplia, porque ayuda a elevar el interés por tu propuesta profesional, esto mismo lo puedes utilizar al conocer las

intenciones de alguna empresa, ya que se trata de una medida de visibilidad.
3. Establece imágenes personalizadas, en lugar de utilizar alguna imagen predeterminada, lo mejor es utilizar un diseño propio que te permita identificarte, sobre todo tomando en cuenta que estos detalles van a aparecer en tu biografía, adicionalmente puedes cuidar la inclusión de los enlaces.
4. Debes tuitear de manera activa, es importante que ante alguna empresa revisando tu perfil, pueda encontrarse con publicaciones recientes, además de tener influencia directa sobre informaciones del medio laboral.
5. Realiza búsquedas de ofertas de empleo, el buscador de esta red social te permite encontrar alguna publicación de empleo, ya que los reclutadores pueden utilizar esta opción para postular alguna oportunidad especializada.

En Twitter se pueden implementar algunas herramientas para capturar las oportunidades laborales, lo esencial es que en cada red social puedas abrir la puerta hacia la obtención de algún empleo.

- **Google**

El desarrollo de Google como una herramienta para hallar empleo, tiene que ver con el funcionamiento de Google Plus, donde se usa ese amplio circulo o nivel de compartir datos, estas utilidades define contactos importantes, lo esencial es que se puedan formar redes para encontrar trabajo.

Completar el perfil en esta herramienta, te permite dejar que te conozcan hasta obtener el empleo que necesitas, pero para ello debes establecer los círculos que deseas que vean tus mensajes, en medio de esa búsqueda de empleo, puedes añadir información sobre la búsqueda de empleo que estés realizando.

En medio de estas funciones se encuentra la posibilidad de añadir contactos de empresas, esto demanda que debas adaptar el tipo de comunicación que compartas, porque es esencial que el mensaje pueda dejar al descubierto, es sentido común utilizar el medio de la mejor manera para dirigir la mejor presencia hacia las empresas.

Un punto resaltante dentro de esta red social, es que puedes ubicarte como un experto, pero llegar a ese nivel implica demostrar que sabes de lo que hablas, puedes apoyarte del uso de Twitter, y otros blogs para que establezcas el tipo de opinión que posees sobre ese sector laboral.

Ante esta red de Google, debes investigar el tipo de funciones que posee actualmente, porque puede ser un punto importante a explotar para que obtengas resultado claves sobre las utilidades que se mantiene creando este motor de búsqueda.

- **Blogs**

Un instrumento como un blog, se transforma en un medio idóneo para compartir tus ideas, esto funciona como un gancho al momento de querer hacerte notar como profesional, es un contexto a tomar en cuenta porque postula motivos para que las empresas se puedan decidir a contratarte.

Conocer sobre ti, es un paso clave para que tus intereses sean un medio llamativo al querer formar parte de algún empleo, así que si no posees un blog personal, es momento para hacerlo, ya que es un tiempo invertido para ser un candidato a considerar por parte de la empresa que esté contratando, sirve a presente y a futuro.

El objetivo central es que tengas la libertad de expresar tus intereses e ideas, siempre y cuando puedan estar relacionados con el campo laboral, esto permite que la búsqueda de trabajo pueda ser mejor influenciada, ya que cuando un empleador pueda visualizar tu blog, puede tener una imagen mucho más dinámica de tu currículo.

Es un deber escribir con regularidad, esto permite que las visitas se encuentren con un blog mucho más nutrido de información, a medida que pueda estar más actualizado, podrá obtener un grado de valor que atraiga a cualquier reclutador, pero con la función de transmitir una idea clara sobre tu capacidad e interés laboral.

- **Objetivo sobre las redes sociales**

La búsqueda de empleo en internet, se facilita por el lado mucho más preciso ya que puedes toparte con publicaciones que expresan "se busca tal profesión con experiencia en tal", siendo ofertas que abundan en este medio y son llamativas, te permiten ajustarse a los requisitos para ser considerado como un aspirante.

En medio de ese ofrecimiento se puede medir el tipo de empleo que resulta, para ello debes manejar datos generales cobre la empresa, y para medir el ambiente laboral puedes consultar en tus contactos si alguno se mantiene trabajando sobre ese entorno, siendo un punto concreto para estimar el ofrecimiento.

Cómo potenciar el uso de LinkedIn para buscar trabajo

No hay duda que en línea, una de las mejores y más grandes redes profesionales es LinkedIn, ya que es una plataforma ideal para llegar a un trabajo atractivo a nivel nacional como internacional, pero debes saber usarla para que sea una realidad cualquier objetivo que te impongas a nivel profesional.

En primer lugar desde su fundación en el año 2002, se ha dedicado a conformar convenios para que pueda desarrollarse una dinámica de bolsa de trabajo disponible en línea, donde pueden participar hasta más de 200 países, donde se añaden grandes compañías que utilizan este medio para proponer ofertas y hallar empleados.

La selección de personal es una medida que se desarrolla fácilmente en este entorno, y funciona como una red social ya que facilita la emisión de información sobre la empresa, la publicación de algún evento o acción similar, por ello se consagra como una herramienta que emplea la mayoría de reclutadores.

El funcionamiento es totalmente bilateral, para proporcionar empleo, como también para buscar, esto lo convierte en un punto de conexión a no pasar por alto, pero es esencial usar al máximo cada una de sus funciones, donde el primer requisito se posa sobre la creación de un perfil sólido, además de tomar en cuenta estos detalles:

- **CV Online**

La definición ideal de LinkedIn se ubica como un currículo online, por este medio puedes exponer los datos para que seas llamativo ante las empresas, pero va más allá porque permite la conexión entre cada parte para concretar algún trabajo o cargo, así que es básico asegurarte en la creación de un perfil adecuado.

El poder de esta clase de currículo online, es que las empresas pueden tener un acceso directo hacia tu información, dejado a un lado la cantidad de envíos de tu currículo, con una visita sobre tu perfil es suficiente.

- **Aumenta la presencia dentro de esta plataforma**

La evolución laboral que proporciona este medio social es reconocible, permite que la aspiración de trabajar pueda crecer de manera reconocible, pero no sólo se trata de poner en marcha tu currículo, sino que debes ser un usuario activo, de ese modo puedes encontrar alguna oportunidad sobre un foro.

- **Personaliza la URL**

La propia plataforma de LinkedIn genera una URL al momento de crear un perfil, esta se puede editar para integrar tu nombre y apellido, es una configuración útil para que el perfil público pueda ser una descripción más llamativa que puedas incluir sobre otra red social para dirigir el tráfico.

- **Establece que estás en búsqueda de empleo**

En medio de la búsqueda de trabajo, puedes implementar algunas palabras claves, esto permite que te puedan encontrar de manera más sencilla cuando exista una oferta laboral, esto puede estar enfocado sobre el tipo de profesión que posees, la cual debe formar parte de tu perfil.

- **Llama la atención con el perfil**

No hay duda de que el perfil en LinkedIn debe llegar a un nivel atractivo, por este motivo las recomendaciones de las palabras claves cobran sentido, siendo una gran identificación, donde lo más importante es que se pueda resaltar la experiencia profesional.

- **Actualiza y aumenta tus habilidades**

La presentación que puedas crear sobre tu perfil, debe contar con una mayor inclusión de habilidades, estas deben ser apegadas o compatibles con el área sobre la cual te desempeñas, esto te proporciona ventajas únicas porque pueden contactarte por lo llamativas que sean tus habilidades y la fecha de alguna formación adicional.

Los pasos resumidos para buscar empleo en este medio es el registro o inicio de sesión, luego se encuentra el uso del buscador para hallar alguna oferta de empleo, donde puedes incluir el rada de usar resultados de todo el mundo, hasta ser parte de grupos donde se ofrecen toda clase de empleos y no se debe dejar de trabajar en la red y cantidad de contactos.

Trucos para encontrar trabajo

Al momento de buscar trabajo, vale la pena enfocarse en las opciones disponibles, en lugar de concentrarse en las negativas que se reciben en medio de esta búsqueda, porque lo que adquiere mayor valor es la insistencia al momento de encontrar alguna oportunidad.

1. Investiga las opciones zonales

Alrededor de tu entorno o localidad, puedes encontrar comercios que se mantienen publicando la solicitud de algún empleo, por ello recorrer las zonas más adyacentes, puede llevarte hasta las opciones que necesitas, esto es usual en negocios relacionados con restaurantes, es una modalidad para aprovechar el tiempo libre que dispongas.

Ante alguna situación complicada, esta es una solución ideal, porque te ayuda a estabilizarte a nivel laboral, para luego escalar hacia otras alternativas, es importante no descartar este tipo de vía, ya que te ubica ante una opción de trabajo totalmente vigente, depende de la situación, pero puede ser una vía razonable.

2. Visita y explora los sitios web de empleo

Una opción muy utilizada en la actualidad es la apuesta por sitios web que se dedican a la búsqueda de empleo, son portales que contienen una variedad de ofertas, donde puedes hallar o medio el tipo de alternativas que existen sobre tu sector, hasta toparte con ofertas locales, como también internacionales como un desarrollo remoto.

Para cada región existen portales con mayor poder, es sencillo en Google puedes encontrarte con todo un panorama de opciones para tu localidad o para la profesión que estás desempeñando, por ello es un escenario positivo para que ahorres tiempo y dolores de cabeza, ya que es un modo más directo para hallar empleo.

3. Apuesta por agencias de empleo

Una técnica moderna que facilita todos los caminos hacia un empleo, y al mismo tiempo puede prepararte mejor, son las agencias de empleo que pueden estar instauradas directamente sobre tu localidad o con una gestión en línea también funciona, hasta los Estados se han encargado de participar en estas iniciativas.

Para vincular con una oferta de empleo digna y compatible con tus ambiciones, puedes explorar este camino, donde el principal funcionamiento se basa en la manera activa de comunicar que estás buscando empleo, incluyendo el reconocimiento y asesoramiento que proporcionan estos servicios con alcance internacional.

4. **Apelar a redes sociales profesionales**

El uso de Facebook, LinkedIn y otras como Xing o Viadeo, funcionan como un anuncio de interés de querer obtener algún empleo, para que esto se haga realidad es fundamental conformar un verdadero perfil que sea representativo, debes tener en mente que necesitas venderte como un profesional auténtico.

Por otro lado, esta clase de entornos sociales deben impulsar que generes relaciones laborales a futuro, el secreto de todo se encuentra en el tipo de relación que seas capaz de crear, de ese modo puedes recibir ofertas de empleo o por el lado contrario, puedes enviar tu currículo para tentar a alguna empresa, siendo útil cuando te respaldan tus habilidades.

5. **Saca provecho a la red de networking**

Implementar el networking como un medio para crear relaciones interpersonales, ayuda a que obtengas una base de contactos útiles, siendo un camino amplio para toda clase de oportunidades, todo gracias a un esfuerzo social sobre tus contactos para que esas relaciones te sirvan de impulso para llegar a oferta de trabajo o negocios.

A través de contactos profesionales puedes llegar a sembrar un alto grado de afinidad, el cual se puede traducir en un beneficio directo para ti, así que mientras más pronto empieces, mejores resultados se van a producir hasta que sea mucho más espontáneo, en el caso de tenerlos, debes recurrir a los mismos para obtener empleo.

6. **Envío de currículo a las empresas**

Esta técnica es osada porque te expones a una mayor cantidad de rechazo, pero en algunas ocasiones pueden sorprenderte los resultados, sólo debes seleccionar el tipo de empresa sobre las que quieres trabajar o a las que se ajustan más tus habilidades, y contacta a la persona de recursos humanos para emitir tu currículo.

Normalmente puedes enviar una carta, como un requisito mucho más ameno, lo esencial es que haya una compatibilidad con tu formación y el tipo de empresa de la cual se trata, de ese modo pueden observar algún beneficio directo sobre la alternativa de contratarte, dejando a un lado ese trato frío que puede aumentar tus posibilidades.

Encontrar empleo en el extranjero sin sufrir en el proceso

Ante un viaje o una oportunidad de vivir en otro país, resulta una gran necesidad reconocer la manera de buscar opciones laborales, ese nivel de experiencia amerita de tomar en cuenta algunas claves para no fallar en el proceso, así que para llegar a ese objetivo en otro país, puedes seguir ciertos consejos útiles y de grandes resultados.

- **Selecciona el destino e infórmate sobre cada detalle**

Un gran viaje se puede asegurar e inicia desde la información que poseas, así que antes de tomar alguna decisión es esencial que conozcas el país a fondo, en internet puedes hallar el material que necesitas para dar este paso con mayor seguridad, lo esencial es que describas el destino antes de trasladarte.

Esto es compatible con la idea de elegir un país que sea compatible con el perfil profesional que poseas, como también que sea cercano a los gustos y posibilidades del entorno, pero no debes pasar por alto el nivel de crecimiento o salario que proporciona, además de la carga que representan los servicios públicos.

- **Identifica el tipo de experiencia profesional que dispones**

Al tener elegida o imaginar el tipo de experiencia profesional que posees, puedes seguir hasta plantearte ciertas medidas para decidir, esto incluye el tipo de vida que deseas llevar en el extranjero, además debes establecer un plan financiero para saber si pretendes trabajar por temporada y poner como prioridad el aspecto de las vacaciones.

Por otro lado, puedes tener presente el camino de trabajar y estudiar al mismo tiempo, hasta continuar adquiriendo mayores destrezas profesionales, por medio de estas preguntas puedes plantear ciertas metas al momento de realizar un viaje, donde no puedes pasar por alto ese contacto enriquecedor que implica estar en otro país.

- **Prepara tus documentos académicos**

Más allá de tomar alguna decisión básica, lo siguiente es tener listos los documentos que te van a permitir buscar y obtener trabajo en el extranjero, lo más importante es el tipo de título de grado, debes presentar el más reciente, además de estar adaptado a la legislación internacional para que no haya problemas y sea aceptado.

Por otro lado, puedes presentar diplomas que acrediten las habilidades laborales que dispones, de ese modo te sumas a formar parte de los interesados sobre algún cargo, pero estas reglas son diferentes para cada país, así que no dudes en someter tus comprobantes de profesionalismo a una validación que te genere libertad.

- **Aumenta el dominio de idiomas**

Encontrar empleo más allá de los títulos y habilidades laborales, no es suficiente ya que debes ir más allá y cuidar el tema de la comunicación, por ello necesitas dominar el idioma, pero no es suficiente solo con ser bilingüe, sino ir más allá hasta trilingüe y disponer de un certificado internacional que lo pueda confirmar.

Ante un país que imponga un dominio del idioma avanzado, no vas a sufrir alguna limitación, mucho menos para que puedas llevar a cabo tu profesión, así que como trabador extranjero necesitas dominar estos detalles, para ser un local mismo, además esto facilita alguna solicitud de visas u otro trámite migratorio.

- **Adapta el formato del currículo al país del destino**

Al momento de buscar trabajo en el extranjero, es de gran relevancia disponer de un currículo que sea atractivo por sí mismo, sin dejar a un lado ese estilo clásico de formalidad y elegancia, esto no debe ser ningún obstáculo ni es complejo, solo necesitas trabajar en ello.

El primer paso es indagar cómo hacer un currículo para ese país que tienes en mente o para ese continente, de ese modo con conceptos básicos puedes empezar a redactar el mismo, pero no sólo importa el contenido sino la estructura, ya que todo el estilo debe ser estimado hacia el país de destino.

- **Forma parte de bolsas de empleo online**

Una vez que hayas conformado un currículo que vaya de la mano con las exigencias de ese país de destino, además de disponer del certificado de idioma, es momento de buscar el empleo que anhelas en otro país, este proceso se puede desarrollar desde tu computadora al ser parte de bolsas de trabajo o algún sitio web de ese país.

A nivel internacional puedes encontrar alguna respuesta por parte de algunos portales, estos imponen una oferta laboral de manera global, tal como brilla la función de Indeed y otra opción de Freelancer, ya que esto permite buscar en Google algún sitio web disponible sobre ese país al cual te diriges.

Encontrar empleo en marketing digital

Hallar una oportunidad laboral en el medio del marketing digital puede ser complicado, sobre todo porque como principiante puedes ver en menor nivel tus aspiraciones, en comparación de la intervención de agencias, consultoras, startups, y otros negocios ubicados sobre este sector.

Entrar sobre esta dinámica puede parecer imposible, pero desde el primer día se puede trabajar por ello, para alcanzar una mínima oportunidad como becario o junior dentro de una agencia de publicidad, para llegar a esos resultados puedes explorar todas las alternativas que existen de por medio para que te integres a este desarrollo.

1. **Construye una presencia digital**

Un paso prioritario, al mismo nivel del currículo es el cuidado de la presencia digital, ya que al indagar alguna alternativa en línea o descubrir una oferta laboral, lo que van a evaluar es el tipo de imagen que presentas en el medio social, así que un paso fundamental es conformar un perfil profesional en Instagram y Facebook.

En cada rincón en línea te puedes acercar hacia un ofrecimiento, una vez que hayas creado una presentación profesional en línea que sea sólida, causando un llamado de atención sobre el personal de recursos humanos, así que debes preguntar qué es lo que deseas que puedan ver de ti, y lo que te haga resaltantes para que seas contratado.

Al mismo tiempo, puedes participar en blogs, crear podcast o presentar algún certificado que poseas, de ese modo puedes emitir un anzuelo para tratar de capturar el interés de los demás, vas a obtener un cargo o una posición mucho más especial que la de los demás, siendo un punto para destacar en lo que respecta a marketing digital.

2. **Estudios cursados**

Tener la oportunidad o un acceso hacia estos cargos en el marketing digital, depende del nivel de estudio cursado, esto demanda que detrás de tu presentación pueda existir una universidad de renombre que respalde la fuente de origen de tus conocimientos, puede ser un estudio de licenciatura o un máster como una especialización.

Este tipo de camino o presentación, es uno de los más determinantes, porque si posees habilidades profesionales sobre publicidad, economía o relaciones públicas siendo formaciones muy afines con lo que hace falta para gestionar las acciones de marketing, pero alguna otra especialización paralela te puede ayudar a llamar la atención más fácil.

3. **Prácticas o experiencias profesionales**

En el mundo de la publicidad, es muy importante incorporar prácticas sobre todo para imponerte de mayor utilidad en el medio de la comunicación o el propio marketing digital, sin importar que hayas empezado en una empresa grande o pequeña, lo esencial es que sean primeros pasos sólidos sobre un tema de interés llamativo.

La ventaja de las prácticas, es que se pueden utilizar como un punto de contacto con la recepción de ofertas laborales, usando ese conocimiento aprendido o el nombre de la empresa como una presentación misma, normalmente se debe establecer un período mínimo de estancia de 6 meses sobre esos cargos para usarlos como referencia.

4. Definir dónde buscar empleo en marketing digital

Para encontrar empleo referente a marketing digital, se puede apostar por LinkedIn, y otros, ya que se trata de portales dedicados a que se pueda valorar una oferta de trabajo digital, bajo este mismo estilo también resalta We Are Hiring siendo uno de los portales pioneros para esta finalidad en España.

Otra plataforma para buscar empleo sobre esta categoría es Bebee, ya que se enfoca con frecuencia en la temática del marketing digital, junto con el funcionamiento de Ticjob siendo un portal también muy importante para conseguir empleo, aunque mantiene un enfoque sobre las acciones profesionales IT.

5. Sitios donde puedes presentar tu deseo de trabajar

La acción de buscar trabajo especializado en marketing digital, no sólo se trata de enviar currículos, sino que requiere de visión, ya que esto te permite reconocer lo que quieres ser en un futuro o en dónde puedes desarrollarte, ese tipo de cualidad va a causar que puedan ser explotadas al máximo.

No sólo te debes limitar al hecho de hacerlo bien, si no que es vital saber mucho más, para que las redes sociales sean empleadas al máximo como una comunicación esencial para reconocer las opciones disponibles, siendo una medida profesional para elegir una mejor vía hasta resaltar ya sea como expertos en Pinterest o Instagram.

6. **El currículo**

Un aspecto determinante, es mantener una imagen digital impecable, sin dejar a un lado esa intención de aprender todo el tiempo, sin intención alguna de estancarte, esto permite que puedas cosechar interés, y lo mismo ocurre con tu perfil, debe ser un punto de atracción mismo, sin olvidar la actualización constante.

Existen muchas alternativas para cuidar y mejorar tu currículo, si es posible debes invertir por ser un especialista de marketing, ya que esto ayuda a que puedas resaltar sobre las ofertas que existen dentro de este ámbito, encajando sobre perfiles como SEO, SEM, Social Media y otros.

Encontrar empleo sin experiencia

Ante cualquier circunstancia, la búsqueda de empleo sin experiencia puede ser un dolor de cabeza para todo postulante, ya que debes superar el requisito común de tener dominio comprobable sobre algún ámbito, esto puede parecer imposible, pero la solución se encuentra en la voluntad de alcanzar mayor nivel de conocimiento.

El salto y la gran acción de impulsar tu presentación personal, es un deber que posees contigo mismo, de ese modo puedes hacer a un lado a esas ofertas que son bajas de salario, por ello debes compensar el ofrecimiento de tus habilidades para alcanzar otras cifras, así que el camino a seguir es el siguiente para hallar empleo:

- **Conforma un currículo o una carta de presentación**

El desarrollo del currículo de un aspirante con poca experiencia, suele estar mal ordenado, ya que se coloca una gran cantidad de información irrelevante, ya que muchos apuestan por tratar de presentar un currículo más largo, pero esto es considerado como un error, ya que lo mejor es llevar a cabo un estudio de mercado.

Una vez que puedas descubrir hacía qué sentido apuntar, podrás presentar un tipo de información más relevante, porque el sector laboral es lo que te indica el tipo de formación demandada, así como también las aptitudes para cumplir con los objetivos de ese ámbito, esto ayuda a formar tu currículo resaltando estos detalles.

- **Presenta tu solicitud laboral en el medio indicado**

Al haber creado el currículo con las indicaciones mencionadas anteriormente, lo siguiente es llevar a cabo la postulación correspondiente, pero en medio de este proceso debes evitar caer en el envío masivo de currículo a cualquier clase de empresa, no te dejes llevar por la ansiedad, lo recomendable es considerar el puesto de trabajo antes.

Cuando recibas alguna oferta laboral, lo que se mide es el tipo de habilidades que poseas, ya que estas requieren ser compatibles, ya que oda la propuesta debe ir de la mano con la formación que poseas, de ese modo el empleo se aprovecha de manera amplia.

- **Aumenta tus habilidades y demuestra los éxitos**

Al momento de estar en plena búsqueda de empleo, el primer paso es cubrir la introspección, por ser una ayuda para delimitar las aptitudes como también los logros, de ese modo se transformar en datos destacados sobre el currículo, siendo una carta ideal para resaltar en una entrevista.

En distintas ocasiones se pasa por alto, pero una experiencia de formación o práctica en el extranjero, es un medio ideal para ser un candidato mucho más relevante, ante los reclutadores este tipo de vivencia es única, porque proporciona una mayor cantidad de resultados sobre su empresa y es rentable para su organización.

- **Demuestra la voluntad de adquirir más conocimientos**

Un reclutador toma en cuenta la disposición que poseas para incorporar más conocimientos, ese tipo de aprendizaje es un factor llamativo, ya que es un nivel de interés que un trabajo necesita y por incluir esa premisa puedes llegar a ser contratado, para explotar esas ganas de superación profesional.

- **La formación es la vía principal**

Al estar sin ningún tipo de experiencia laboral, la formación es uno de los puntos más atesorados al momento de aplicar por un trabajo e invertir por ello te sirve de gran ayuda, así que un paso clave puede ser la adquisición de más conocimiento, esto debe quedar demostrado sobre tu currículo para aprovecharlo como un enganche al reclutador.

Para cumplir con ese lado llamativo de formación, puedes optar por los cursos gratuitos, de ese modo puedes potenciar tus habilidades, los convenios que realizan las empresas con las universidades, son un punto a estimar para llegar a un nivel de formación atrayente, son pasos que te acercan a una mejor calidad profesional.

- **Conserva una participación activa**

En un mercado laboral tan competitivo, es complicado establecer una búsqueda de oferta laboral, así que requieres conservar una actitud mucho más activa para capturar las vacantes disponibles, es recomendable establecer algunas alertas de los sitios web, ya que esto te permite conocer cualquier brecha laboral.

En medio de este proceso, necesitas conservar la paciencia, más allá de cualquier respuesta es vital que no te frustres por los resultados, a corto plazo pueda que no cumplas tus expectativas, pero al paso del tiempo la persistencia te va a conducir a una mejor estancia laboral.

Los mejores portales de empleo

Los portales de empleo son un medio exclusivo para toparse con un número importante de ofertas laborales, estos mantienen una dinámica de mercado laboral y ayuda a que obtengas un conocimiento de lo que hay disponible para trabajar, donde los mejores para llevar a cabo tus metas profesionales son los siguientes:

1. **InfoJobs**

Se considera como una plataforma de búsqueda de empleo altamente eficaz, ya que proporciona una gran cantidad de opciones, puedes buscar de forma personalizada a través de las empresas o acudir a una investigación de categorías hasta diseñar alertas para que no te pierdas de alguna novedad.

Además cuando seleccionas un sector en concreto, puedes obtener consejos de gran nivel para que estudies lo que esté relacionado con este medio, de ese modo cualquier duda puede ser disipada hasta que obtengas una mejor presentación.

2. **Monster**

Esta plataforma permite llegar hasta una elevada cantidad de ofertas, ya que se publican empleos tanto a nivel nacional como internacional, en medio de sus funciones se encuentra el uso de un filtro avanzado, con la posibilidad de cargar el currículo para recibir orientación al respecto de tu formación y aspiraciones.

3. **Quiero empleo**

Un buscador de este tipo, se enfoca directamente sobre las Cámaras de Comercio, debes registrarte para usar esta vía, de ese modo tendrás la oportunidad de realizar la solicitud ante alguna oferta de trabajo, sin dejar a un lado que facilita la mejoría de tus capacidades para aumentar la formación y tener una red de contactos.

4. **Infoempleo**

Un portal que lidera la búsqueda activa de empleo es este, ya que posee el mismo funcionamiento o dinámica que InfoJobs, la capacidad de este motor de búsqueda se encuentra sobre las ofertas que proporciona donde se emiten noticias y consejos para que la formación profesional sea un atractivo.

5. Eures

Se considera como un sitio web europeo, a través del cual puedes obtener ofertas e información relacionada con la movilidad profesional, es ideal para todo aquel que desee trabajar en algún país que forme parte de la Unión Europea, por ello es un portal de gran relevancia para que cubras tus preferencias y sigas los trámites señalados.

Trucos para encontrar empleo siendo mayor de 50 años

Ante alguna crisis de desempleo, es fundamental volver a conseguir trabajo, más allá de tener 50 años, o al menos considerar ofertas para ocupar la mente y emplear tus habilidades para seguir produciendo ingresos, la edad no es una limitante en la actualidad, mucho menos por el poder de la tecnología.

Los desbalances de la economía como un hecho mundial de la talla del Covid-19, emiten una gran motivación para buscar alguna oportunidad y superar los estragos de esas situaciones, donde la experiencia no debe ser desperdiciada sino todo lo contrario, la autoestima debe estar en lo alto, para usar ese conocimiento como un punto de atracción.

La solución puede estar sobre la participación en tareas de voluntariado, de ese modo el nivel de utilidad puede ser considerado como un valor mismo, dónde el discernimiento es usado para ayudar a los que no poseen claridad alguna sobre las decisiones de futuro, ese nivel de apoyo es rentable sobre la sociedad y en situaciones confusas.

Lo que se requiere seguir para aprovechar las oportunidades laborales sin importar la edad, son los siguientes consejos:

- **Se compasivo y destaca tus habilidades**

Un consejo primario es resaltar la confianza sobre tus habilidades, ya que la búsqueda de empleo es un escenario que desmoraliza a cualquiera, pero lo esencial es que no te debilites ante las respuestas que coseches, más allá del rechazo, lo vital es tomarse todo con calma, y cuando se presente algún tropiezo, puedes seguir adelante.

- **Descubre tus fortalezas y experiencias**

Al ser un candidato, es indispensable que estés consciente de lo que vales para afrontar alguna oportunidad laboral, de ese modo la búsqueda de ofertas laborales se puede llevar a cabo con mayor éxito y discernimiento, eso se refleja fácilmente con palabras claves que son incluidas sobre tu currículo.

Insertar tus cualidades es un aspecto llamativo en redes sociales, ya que esto puede ser valorado para obtener algún cargo por parte de una empresa como tareas remotas, este medio de acción es más sencillo en todos los sentidos, se ejecuta con facilidad por medio de plataformas o portales de empleo.

- **Estar dispuesto a cambiar de sector profesional**

En algunos sectores de gran concurrencia, lo más recomendable es que se tenga en mente acudir por una industria distinta, este es un paso clave que al tenerlo clave puedes poner mucho más de tu parte para lograr obtener el puesto de trabajo que buscas, al conocer hacia dónde ir y lo que estés dispuesto a hacer, el camino se facilita.

La formación y la tecnología necesaria para dar ese paso, es un sustento que te permite alcanzar atrevimiento para dar un paso definitivo hacia un trabajo cómodo, por ello las tendencias modernas son un punto de partida sobre el cual adaptarse, la edad es tan solo un signo de experiencia, esto lo puedes usar a favor, siempre y cuando aceptes las utilidades modernas.

www.ingramcontent.com/pod-product-compliance
Lightning Source LLC
Chambersburg PA
CBHW070425220526
45466CB00004B/1549